AF227414

25 Centimes

1886

Prix : 25 Centimes

# Matin-Salon

PAR

## Gustave Goetschy

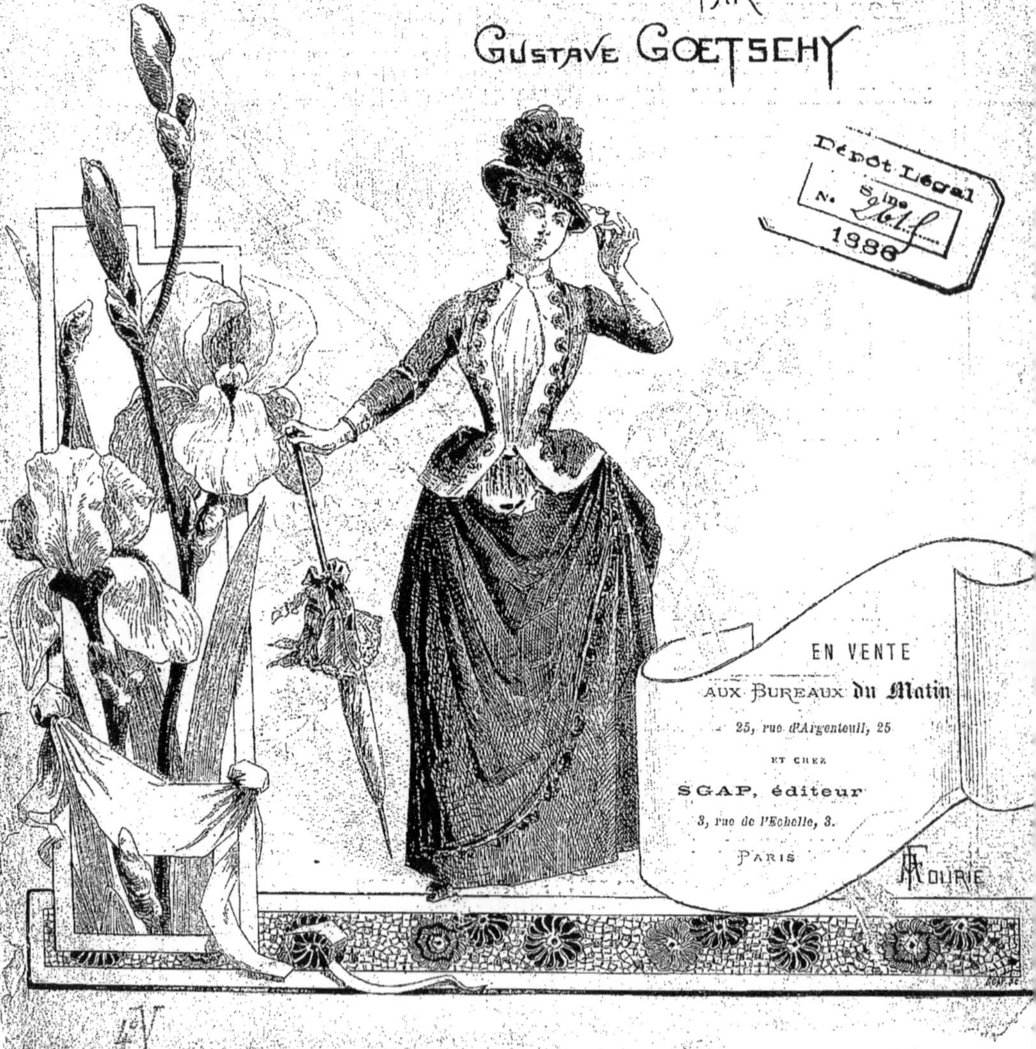

EN VENTE
AUX BUREAUX DU MATIN
25, rue d'Argenteuil, 25
ET CHEZ
SGAP, éditeur
3, rue de l'Échelle, 3.
PARIS

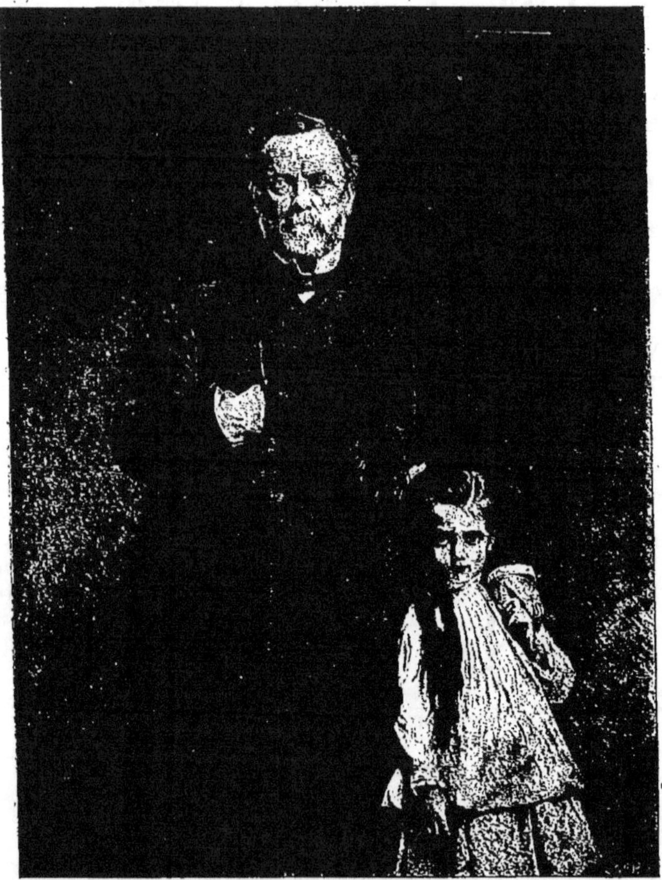



’AI pour premier devoir d’aviser le lecteur, humblement, qu’il ne doit pas s’attendre à trouver ici un examen critique et détaillé du Salon de 1886. Cet avis, d’ailleurs, n’est pas fait pour le surprendre et l’avis contraire, au rebours, aurait de quoi l’étonner et lui donnerait peut-être à sourire.

Depuis le jour, en effet, où « les nécessités de l’actualité », comme on dit en style de reportage, ont imposé cette rude obligation à l’écrivain d’art, de passer la revue séance tenante et sans désemparer, des trois mille envois, chiffre rond, que, bon an mal an, le Salon contient, il lui a bien fallu se résoudre à laisser l’information prendre le pas sur la critique, et se résigner aussi à pénétrer moins avant, désormais, dans l’étude et dans la discussion des œuvres.

Il fut un temps où, le Salon durant six semaines, on avait un bon mois devant soi pour l’examiner à loisir et pour esthétiquer tout à l’aise à son sujet. Aujourd’hui qu'il reste ouvert tout près de deux mois, c'est un devoir strict pour la bonne moitié des saloniers d'avoir, dès le 1er mai, dit de lui tout ce qu'ils s'étaient proposé d'en dire. En sorte que, le plus souvent, ils se gardent de juger, pour s'éviter le regret, plus tard, d'avoir jugé trop en hâte.

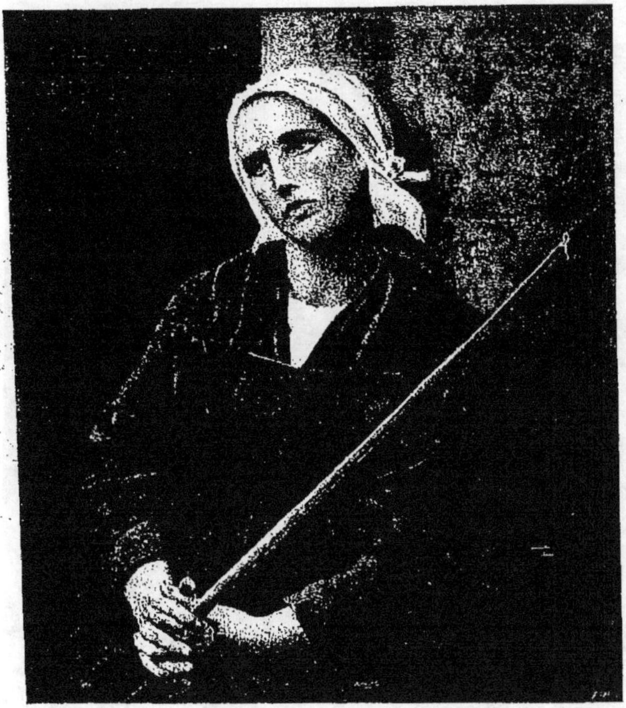

Un autre devoir m'incombe encore : celui de m'excuser par avance, auprès des intéressés, de toutes les omissions qu'il me faudra nécessairement commettre au cours de ce trop succinct aperçu.

Il est, au reste, des oublis qui ne sont pas irréparables et le moyen m'écherra quelque jour de réparer ceux dont — involontairement s'entend — je me serais rendu coupable. Si pourtant certains *oubliés* gardaient de l'aventure un ressentiment trop vif, je les prie de considérer que, par ce temps où la *peinturomanie* sévit chez nous si cruellement, il peut arriver au critique le plus consciencieux et le plus attentif, après

JULES BRETON. *La Bretonne.*

avoir essuyé le désagrément d'examiner d'affilée une cinquantaine de méchants tableaux, de se priver, à son insu, du plaisir d'en contempler un bon.

Ceci dit je vais m'occuper de mon mieux dans le court espace de temps qui m'est dévolu, à noter d'abord la physionomie générale du Salon de 1886 ; à passer brièvement, après cela, la revue des ouvrages principaux qu'on y voit assemblés.

Il ne vaut pas moins, ce Salon, que ceux qui, depuis une dizaine d'années, se sont succédé chez nous ; il ne vaut pas mieux non plus. Les mêmes tendances et les mêmes préoccupations s'y accusent ; il représente une somme égale d'efforts ; de fait il ressemble aux Salons qui l'ont précédé, comme ceux qui le suivront lui ressembleront, très vraisemblablement. Et voici pourquoi :

Une évolution que les réalistes avaient prédite et que, pour une bonne part au moins, les impressionnistes ont amenée, s'opère depuis tantôt vingt ans dans notre art français. Elle s'accomplit paisiblement, sûrement, sans secousse et sans arrêt, par la force des choses.

L'un de ses premiers bienfaits fut de soustraire un grand nombre de nos jeunes artistes aux énervantes pratiques, à la scholastique un peu niaise et falotte, aux rado-

tages et aux veûleries de l'enseignement d'école. Elle fit germer en eux des idées
nouvelles et les entraîna vers de nouveaux projets. Elle leur a fait dédaigner aussi
tous ces sujets académiques empruntés, suivant les cas, aux grivoiseries de la mythologie, aux sensibleries des histoires païenne ou religieuse, aux apocryphes événements
de la vie des héros ou des saints, et les a poussés vers l'étude exacte et sincère des

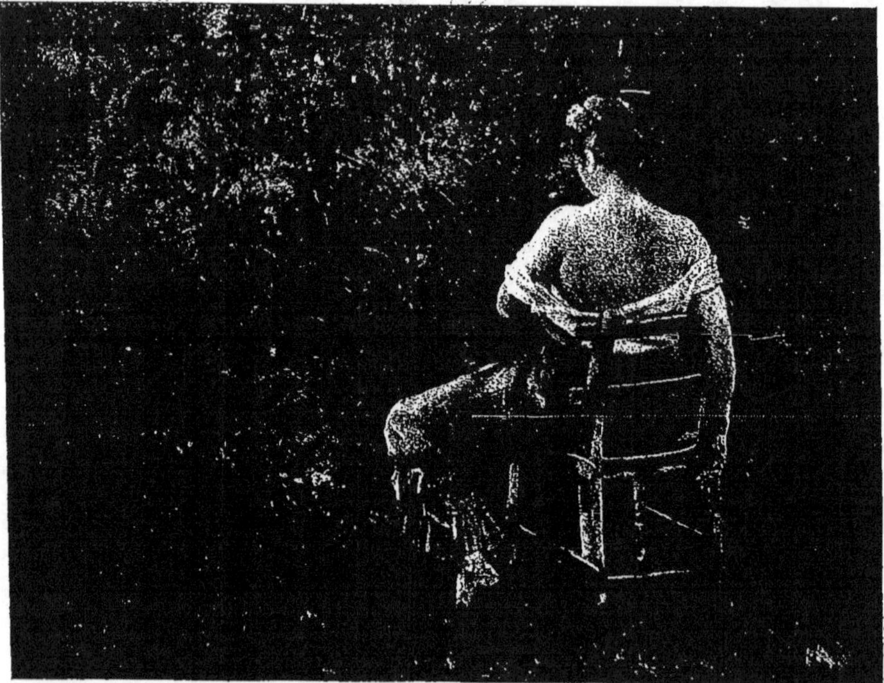

Roll.. *Étude.*

choses de la nature. Ils s'efforcent presque tous aujourd'hui d'exprimer ce qu'ils ont
sous les yeux, dans sa réalité.

Le malheur est que, préoccupé des mêmes recherches, et désireux d'atteindre aux
mêmes résultats, ils en arrivent à exposer des tableaux qui ont même air et qu'on
croirait tous exécutés de même façon. On dirait de quelques-uns d'entre eux qu'ils
n'ont échappé à la tyrannie des vieilles formules que pour s'en aller subir la loi de
formules nouvelles, et qu'ils ont appris déjà à cuisiner le *plein air* sur recette, ainsi
qu'ils apprenaient jadis de nos maîtres-queux à cuisiner la demi-teinte et le clair-
obscur.

Déjà l'an passé, je signalais chez les *jeunes* du Salon, une tendance assez marquée
à s'entreprendre à des scènes de la vie des champs, et certaine préférence aussi à
peindre des tableaux, dont les modèles avaient posé sous l'éclat du soleil ou
bien dans l'enveloppante et molle clarté des journées grises. Tendance et préférence on les retrouve, accentuées plus nettement encore, au Salon de cette année.
Il souffle, au travers des galeries du Palais des Champs-Élysées, comme un vent de

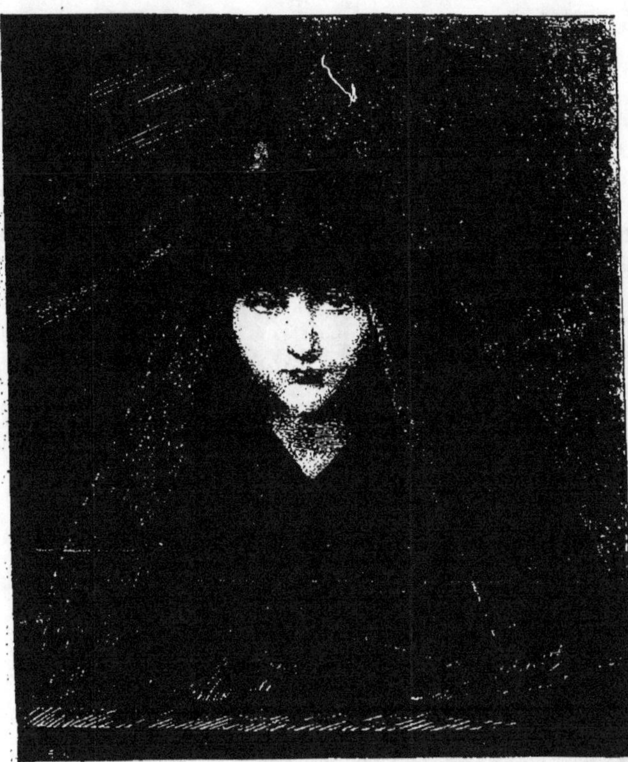

HENNER. *L'Orpheline.*

révolte, et l'on sent bien qu'une lutte ardente est engagée entre la vieille école et la nouvelle. D'ores et déjà, l'on peut tenir pour certain que cette dernière aura la victoire. Reste à savoir si, l'ayant gagnée, elle en saura profiter.

Il ne manque certes pas de bons artistes et surtout d'artistes habiles en ce temps ; d'artistes originaux, en revanche, il n'y en a guère ! Et c'est précisément ce qui donne à ce Salon-ci, comme aux précédents, un air d'uniforme médiocrité et de correcte monotonie. Il semble, en effet, que la plupart de nos peintres, après s'être engagés résolument dans la voie nouvelle, appréhendent déjà de s'y être aventurés trop avant, et qu'ils craignent aujourd'hui de nuire à leurs intérêts et d'indisposer leur clientèle en se vouant, de façon trop dévote, aux intérêts de l'art.

Nous aurons toujours, quoi qu'il en soit, gagné quelque chose à la victoire et nous voilà débarrassés, au moins pour un bout de temps, de ces encombrantes mythologies, et de ces tartines historiques à la toise auxquelles étaient réservés, il y a quelques années, les honneurs des cimaises, et qui emportaient toutes les récompenses sous l'œil attendri de M. Cabanel et de M. Bouguereau.

La peinture d'académie figure à peine, en effet, à cette exposition. Les quelques spécimens que l'on en trouve y paraissent dépaysés, perdus qu'ils sont dans la foule pressée des toiles où s'affirment les préoccupations et les soucis de l'art nouveau. Les temps sont venus que Diderot prophétisa naguère en l'un de ses Salons et le « genre » a bien décidément détrôné « l'histoire », — mot par lequel Diderot entendait désigner tout ce qu'on est convenu d'appeler la Grande Peinture aujourd'hui.

Bon nombre de scènes familières et de « rusticités » observées avec soin et consciencieusement traitées, une collection de portraits importante et variée, quelques inté-

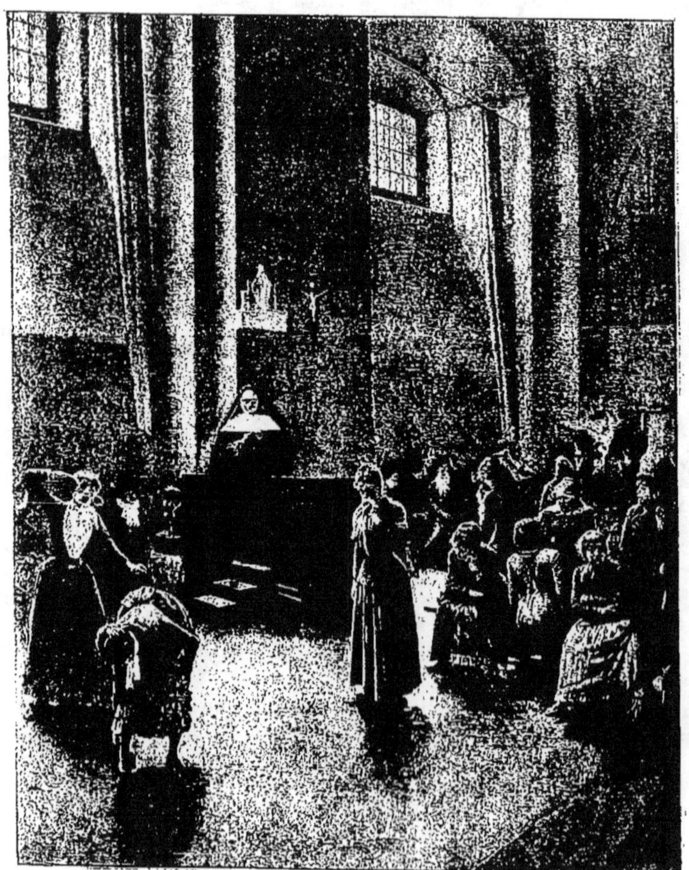

*Le Dépôt des Filles à la Préfecture.*

ressants morceaux de nu, d'agréables paysages, et, dominant tout cela, trois vastes panneaux décoratifs de M. Puvis de Chavannes, qui sont des grands tableaux pour de bon et peuvent prendre place hardiment à côté des modèles les plus parfaits du genre, voilà ce qu'en somme offre à notre curiosité le Salon qui vient de s'ouvrir et qui n'aura ni plus ni moins d'éclat que tous les autres.

Pour notre école de sculpture elle y apparaît, comme à l'ordinaire, avec un ensemble d'envois qui lui font grand honneur et qui vont ajouter encore à la gloire qu'elle s'est déjà très légitimement acquise.

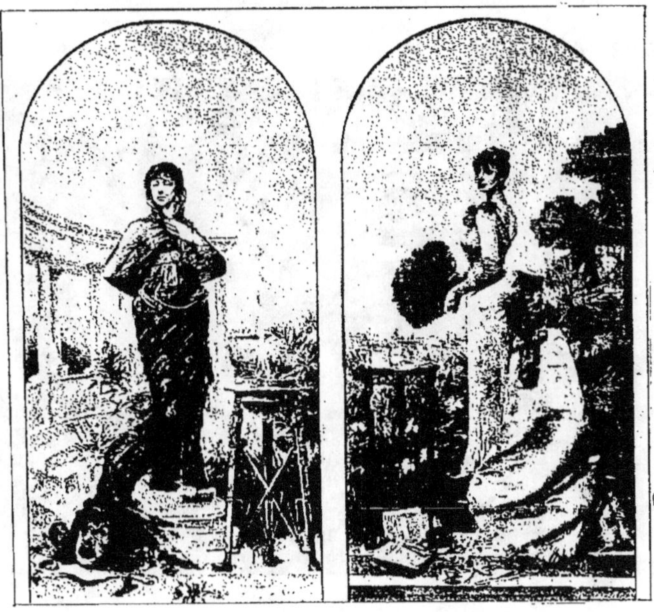

Mˡˡᵉ Abbema. *La Tragédie. — La Comédie.*
(Panneaux décoratifs.)

I

La peinture décorative est, ainsi que je l'ai dit, magistralement représentée au Salon de 1886 par trois vastes compositions de M. Puvis de Chavannes. A elles trois elles occupent le panneau de fond tout entier du grand salon d'entrée. L'une est intitulée *Vision antique*, la seconde, *Inspiration chrétienne* et la troisième, ayant mission de les relier entre elles, le *Rhône et la Saône*. Elles font partie, toutes trois, du grand ensemble décoratif que M. Puvis de Chavannes a été chargé d'exécuter pour le musée de Lyon et dont le *Bois-Sacré* qui figurait au Salon de 1884 ouvre la série.

L'artiste a pris soin d'indiquer lui-même au livret à quel ordre d'idées la conception de cet important travail est empruntée.

« *Le Bois sacré cher aux Arts et aux Muses* était la composition génératrice des deux autres sujets : *la Vision antique* et *l'Inspiration chrétienne*, l'art étant compris entre ces deux termes dont l'un évoque l'idée de la forme et l'autre l'idée du sentiment.

« Un quatrième panneau représente le Rhône et la Saône symbolisant la force et le génie. »

M. Puvis de Chavannes a placé sa *Vision* dans un paysage de bord de mer où règne une paix profonde et qu'un ciel éternellement pur emplit de sa douce clarté. Des jeunes filles et des femmes aux attitudes simples, aux physionomies sereines, y sont groupées harmonieusement. Un joueur de flûte, assis sur un rocher, s'abandonne à l'Inspiration. Une femme passe, ayant un vase de cuivre à la main. Au fond du paysage on aperçoit la mer, que dominent de grands rochers, et presque au même plan, une chevauchée blanche enlève sa silhouette sur le bleu de l'horizon.

L'*Inspiration chrétienne* est un tableau très différent de conception et d'allure, et

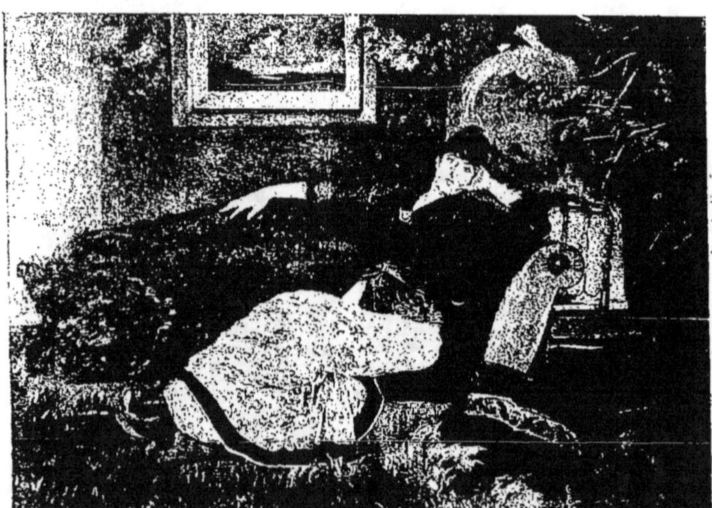

G. Duez. *Portrait de M<sup>me</sup> D...*

merveilleusement disposé pour servir de pendant à la *Vision*. Tandis que là-bas, c'est le calme et la douce oisiveté de la vie des champs, ici, c'est la paix austère du cloître et son recueillement laborieux.

Une cour intérieure de couvent laissant apercevoir dans le large ajourement de ses piliers un coin de campagne ensoleillée. Des moines y sont réunis vaquant à leurs occupations coutumières. A la droite de la composition l'un d'eux, sorte de Fra Angelico, s'applique, sous l'œil attentif de quelques-uns de ses compagnons, à peindre un tableau de sainteté. D'autres, plus loin, lisent ou dessinent. Les visages expriment la méditation, l'extase et cette souveraine indifférence aux choses du dehors que donne le labeur obstiné de la pensée.

Avec le *Bois sacré cher aux Arts et aux Muses*, et ces belles allégories du Rhône et de la Saône baignant dans la transparente vapeur des fleuves qu'elles symbolisent, ces deux panneaux constituent, assurément, l'un des travaux de décoration les plus importants et les plus parfaits dont jamais artiste ait réalisé le dessein.

Aucun peintre en ce temps-ci n'aura su s'entreprendre avec plus de hardiesse et de bonheur que M. Puvis de Chavannes à ces vastes compositions qui sont destinées à orner nos monuments et qui, plus tard, en seront l'honneur. On a pu railler, jadis, chez l'auteur de l'*Inspiration* la simplicité de son faire et la sobriété voulue de son procédé. Même il s'est trouvé des gens pour l'accuser de ne savoir ni dessiner ni peindre. Insoucieux des railleries et dédaigneux des dédains, il a suivi son chemin, attendant patiemment son jour avec la résignation tranquille et l'ardente foi des convaincus.

Chez M. Puvis de Chavannes il y a du visionnaire et de l'inspiré. Son art échappe à la critique et déroute l'analyse. On est conquis avant d'avoir songé même à discuter. Il se dégage de ses compositions je ne sais quel

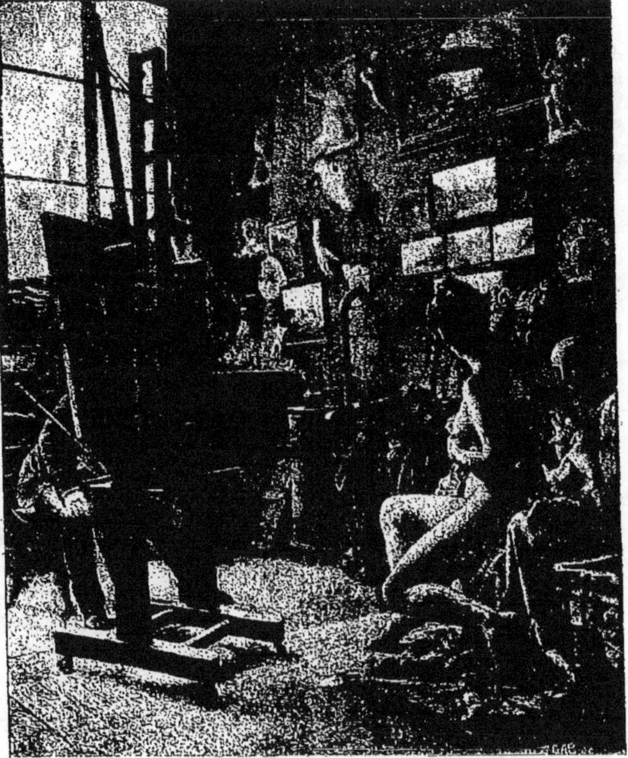

Danger. *Le Modèle.*

charme immatériel et puissant qui vous transporte au delà de la réalité, dans un monde inventé par son imagination et peuplé suivant son rêve. Il n'en est pas moins un artiste de son temps, respectueux de la nature et ardemment épris de la vérité. Ses figures de l'*Inspiration chrétienne* et de la *Vision antique*, en même temps qu'elles contribuent au mérite général de l'œuvre et servent à sa belle ordonnance, valent aussi par un mérite individuel qu'elles empruntent uniquement à la beauté de leur dessin. Le poète et le penseur ont appelé, quand il a fallu, le peintre à leur aide, et ce dernier a mis à leur service et sa grande conscience et son grand savoir.

Il n'arrivera pas souvent qu'une œuvre attire aussi longtemps mon attention dans cette rapide revue des œuvres du Salon. La raison en est que l'envoi de M. Puvis de Chavannes constitue le morceau capital de cette exposition.

Parmi les tableaux exécutés en vue de la décoration et qui figurent à ce Salon, il en est un qui, certainement, sera remarqué. Son auteur est M. Humbert; il s'intitule : *Pro Patriâ*.

M. Humbert emportait au concours, ces années passées, de concert avec M. Lagarde, la commande d'un grand ensemble décoratif qui doit s'en aller orner un jour l'une des mairies de Paris. Depuis ce temps-là, les deux artistes y travaillent ferme, et chacun de son côté; *Pro Patriâ* en est l'un des fragments. L'an dernier, dans son *Retour des Laboureurs*, M. Humbert avait symbolisé la famille; il a symbolisé dans son *Pro Patriâ* le devoir militaire.

Sur le seuil d'une chaumière un jeune couple est arrêté. L'homme a reçu l'ordre de *rejoindre,* il faut partir. Deux clairons, d'une belle allure, allégorisant l'appel sous les drapeaux, sonnent le départ à pleine claironnée. Une dernière fois les bras se sont enlacés pour un adieu plein de tendresse, mais la résolution anime les visages et chacun saura, comme il convient, faire son devoir.

Le groupe des époux est un morceau qui mérite particulièrement d'être signalé. Le dessin en est solide et la coloration robuste et franche.

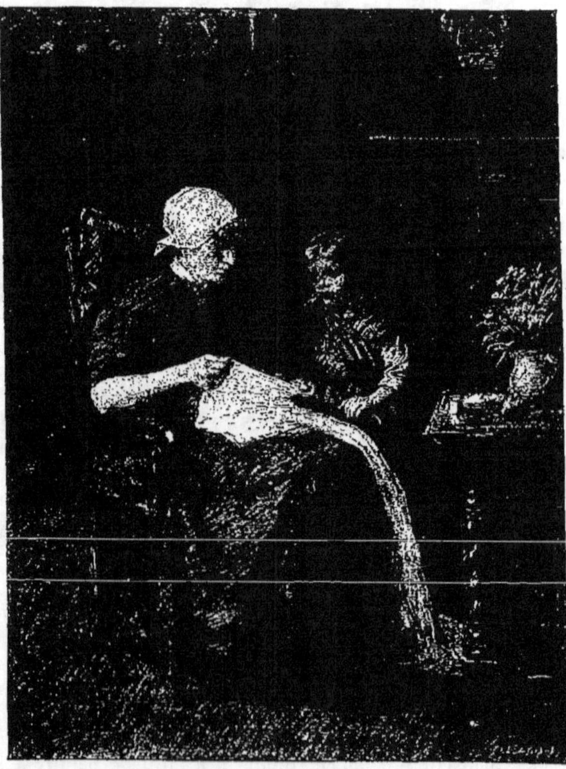

Artz. *Leçon de Couture.*

M^lle Louise Abbéma a peint, elle aussi, pour ce Salon deux panneaux décoratifs : *la Tragédie* et *la Comédie,* qu'elle a réunis en un seul cadre. Ils sont ingénieusement arrangés et peints avec finesse.

La *Tragédie* se tient debout devant un trépied du milieu duquel s'élève en spirale un peu de fumée blanche. Elle est vêtue de noir et son corps transparaît presque entier sous sa tunique de gaze drapée à l'antique. Un de ses bras s'appuie à la hanche; elle ramène de l'autre autour de son cou les plis de son voile. Un portique grec se silhouette à l'un des coins du décor et, dans le lointain, l'on aperçoit la mer.

Une femme en costume moderne, hardiment décolletée, vêtue de satin rose et tenant un éventail à la main, symbolise la Comédie. Son visage sourit malignement,

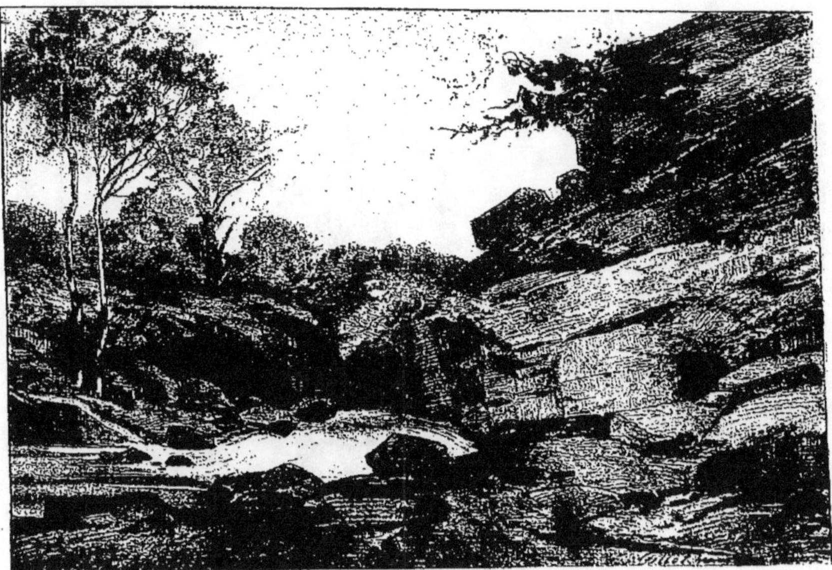

TANCRÈDE ABRAHAM. *Le Gourd de l'Ardoiserie, près Vichy.*

encadré dans le frisottement de sa chevelure blonde. Un portant de coulisse occupe le côté droit de la toile. A gauche, un hortensia épanouit sa floraison.

Au sommet du grand escalier, le long des murs du péristyle, on voit accroché un grand panneau décoratif de M. Montenard, que je vous donne pour l'un des tableaux les plus vibrants de lumière et les plus chaudement colorés du Salon. Un paysage aride et qui flambe aux rayons d'un ardent soleil. Des femmes, en robes claires et portant de grands paniers emplis d'oranges, descendent en devisant un chemin bordé d'herbes rares et d'arbres rabougris.

Une aimable décoration encore : *Le Lawn Tennis*, par M. Roger Jourdain. Une jeune femme, en costume moderne, en fournit l'allégorie. Elle est vêtue court d'une robe blanche et coiffée à la diable d'un feutre mou. Elle a une main à la taille et l'autre s'appuie sur la raquette. Les accessoires du jeu courent et s'entremêlent au long du cadre du tableau. La figure de la joueuse est jeune et modelée finement.

## II

Tout à l'heure je constatais sans m'en affliger autrement, l'état de discrédit dans lequel la peinture académique est tombée depuis quelque temps.

A ce Salon-ci, vous la verrez si misérablement représentée que vous vous demanderez, ainsi que moi, si les gens qui, pendant des années et des années, en ont vécu, ceux-là qui la pratiquent et ceux-là qui la professent, ayant considéré qu'ils avaient assez fait pour la postérité, ne se sont pas tout à coup arrêtés de peindre, — ou bien si le naturalisme, à leur insu, ne les a pas conquis.

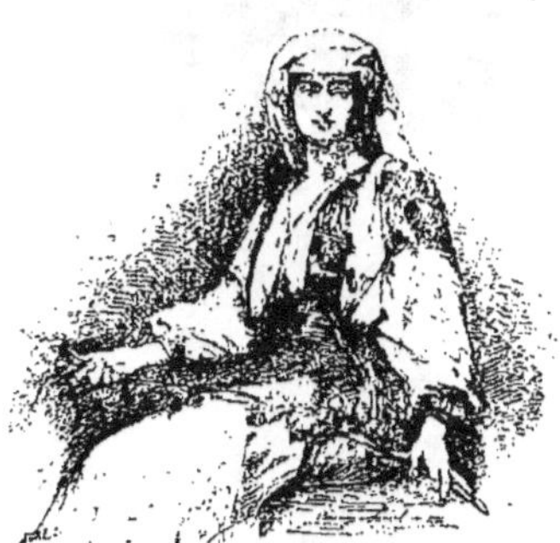

Mme BAURY-SAUREL... *Portrait.*

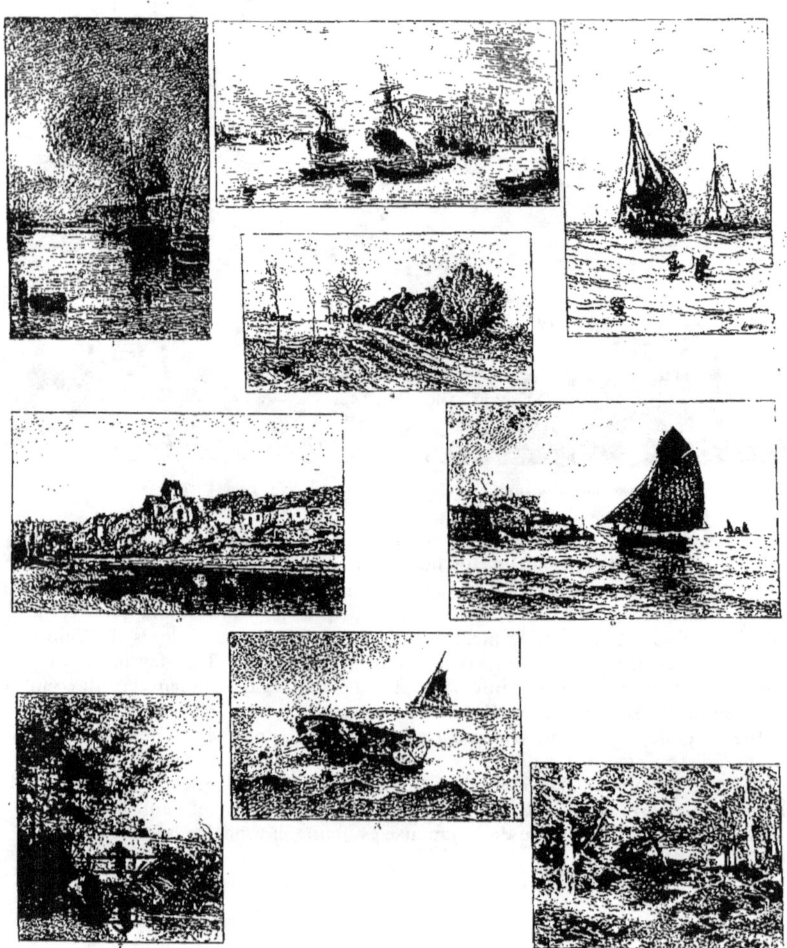

## PAYSAGES ET MARINES

MM. 1. Iwil; 2. Grimelund; 3. H.-W. Mesdag; 4. Henriet; 5. Sauzay; 6. Barnsley;
7. Garaud; 8. Barthélemy; 9. Zuber.

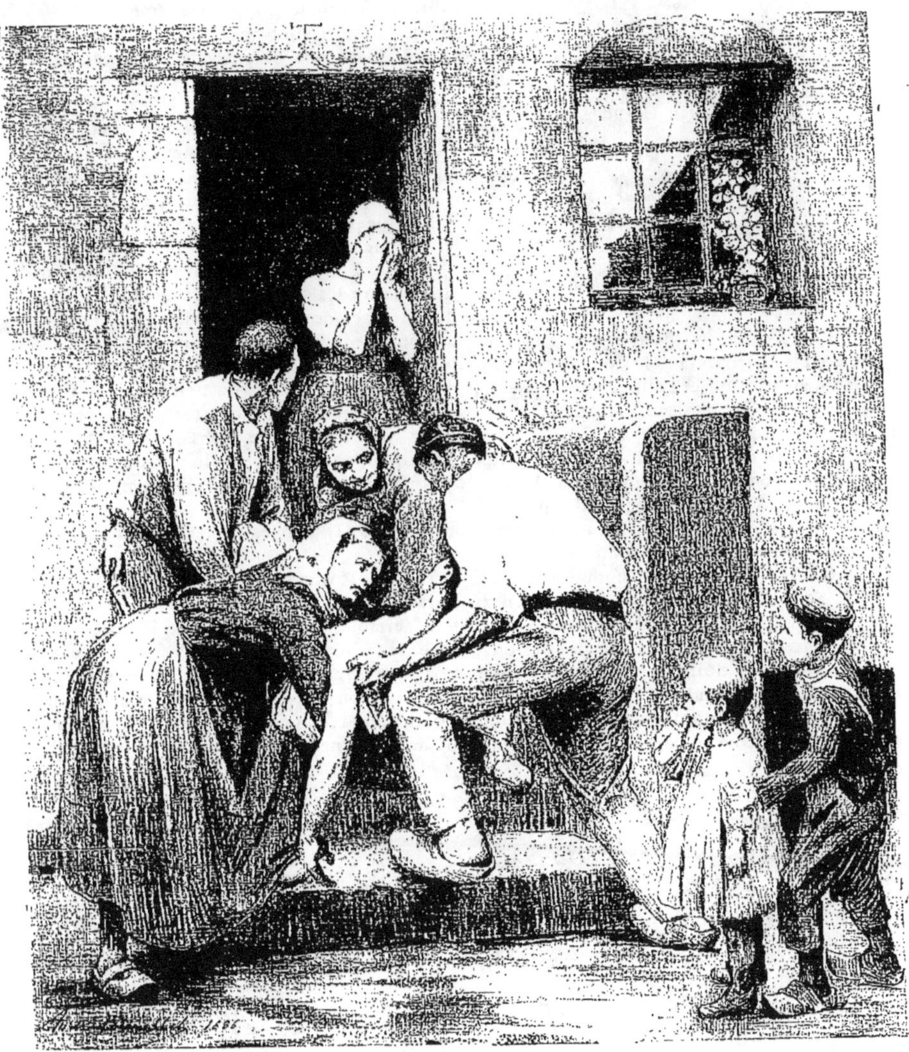

*Le Carrier blessé.*

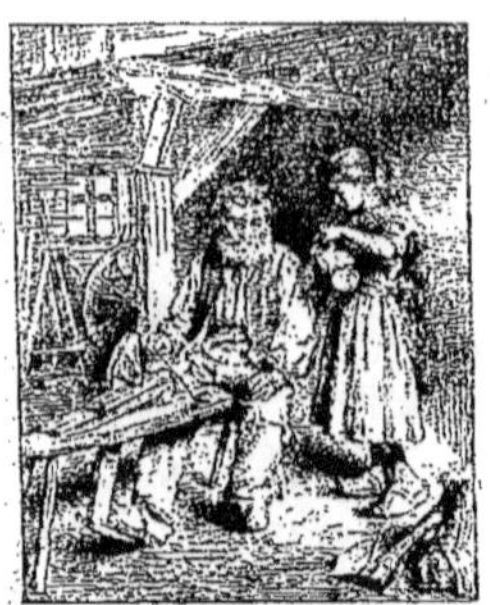

Umbricht. *Le Vieux Charron.*

Un seul, parmi ces fameux, garde, au milieu du désarroi, sa tranquillité confiante et sa foi robuste en lui-même. En homme qui connaît le prix des dollars, et que l'ombre de Raphaël n'a jamais empêché de dormir, il ne s'interrompt pas un instant de produire, achalandant nos Salons chaque année de ses deux confiseries réglementaires avec la ponctualité d'un petit employé.

Cet homme heureux, cet incurable producteur, c'est M. Bouguereau. Ses deux tableaux de cette année s'appellent *le Printemps* et *l'Amour désarmé.* Les sujets en sont, comme à l'ordinaire, empruntés à cette mythologie bourgeoise, un peu niaise, inventée par les académies pour l'amusement des familles. Un amour, nù comme un ver et frisé de frais, se débat entre les bras d'une jeune fille aussi nue que lui. De ses doigts crispés il serre encore son arc, mais ses flèches ont glissé de son autre main, et voilà *l'Amour désarmé.* Ce tableau, comme celui du *Printemps,* du reste, auquel il sert de pendant, a la froideur savante et l'affligeante correction des meilleures œuvres du peintre.

Parmi les tableaux religieux du Salon il n'en est guère à citer. M. Dupuis y a exposé cependant un *Christ au tombeau* d'une anatomie puissante et serrée et la *Misericordia* de M. Dubufe n'est pas sans qualités. Le torse de la femme étendue près du tombeau sur lequel est étendu le Christ qui ressuscite à son intention, est un assez savoureux morceau de nu.

« La vengeance du Très-Haut était sur ses reins. Il mangeait l'herbe et son corps était humecté de la rosée du ciel. »

C'est du roi Nabuchodonosor qu'il s'agit. M. Rochegrosse a emprunté le sujet de son tableau de cette année au récit du livre saint.

La colère du Tout-Puissant s'est abattue, terrible, sur le vieux roi. Il gît au bas d'un escalier de son palais, la raison perdue, les vêtements souillés de fange, ensanglantant ses doigts chargés de bagues aux pierres et aux pavés du cloaque où se vautre sa bestialité. Cependant les gens de sa cour, pliés hier encore sous son orgueilleuse volonté, viennent contempler timidement, dans son abjection, la victime de Dieu. Une vision transparente, allégorisant la vengeance, appuie son pied sur la tête du roi.

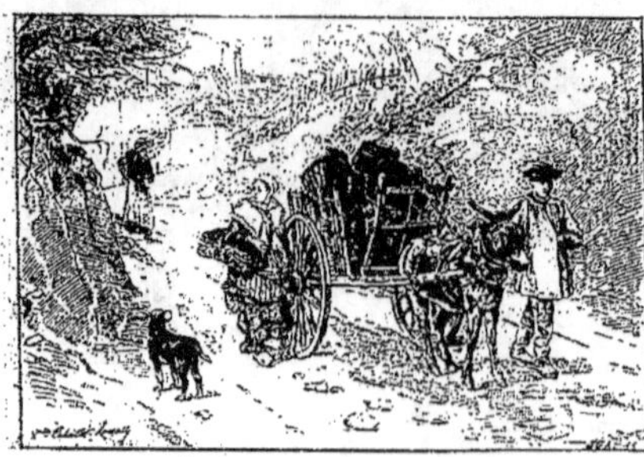

Caballiot-Lassalle. *Départ pour la Vendange.*

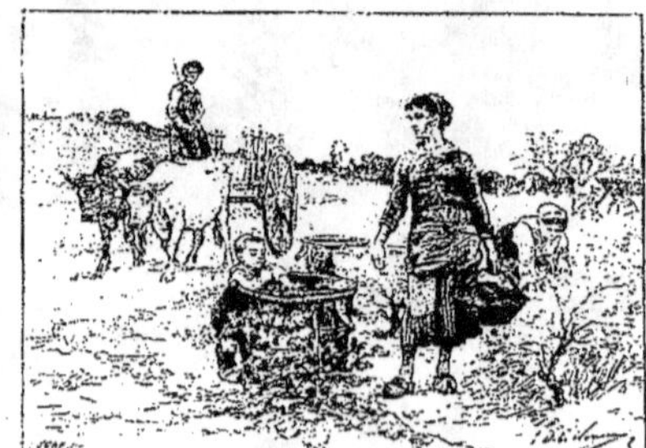

Debat-Ponsan. *Vendanges dans le Médoc.*

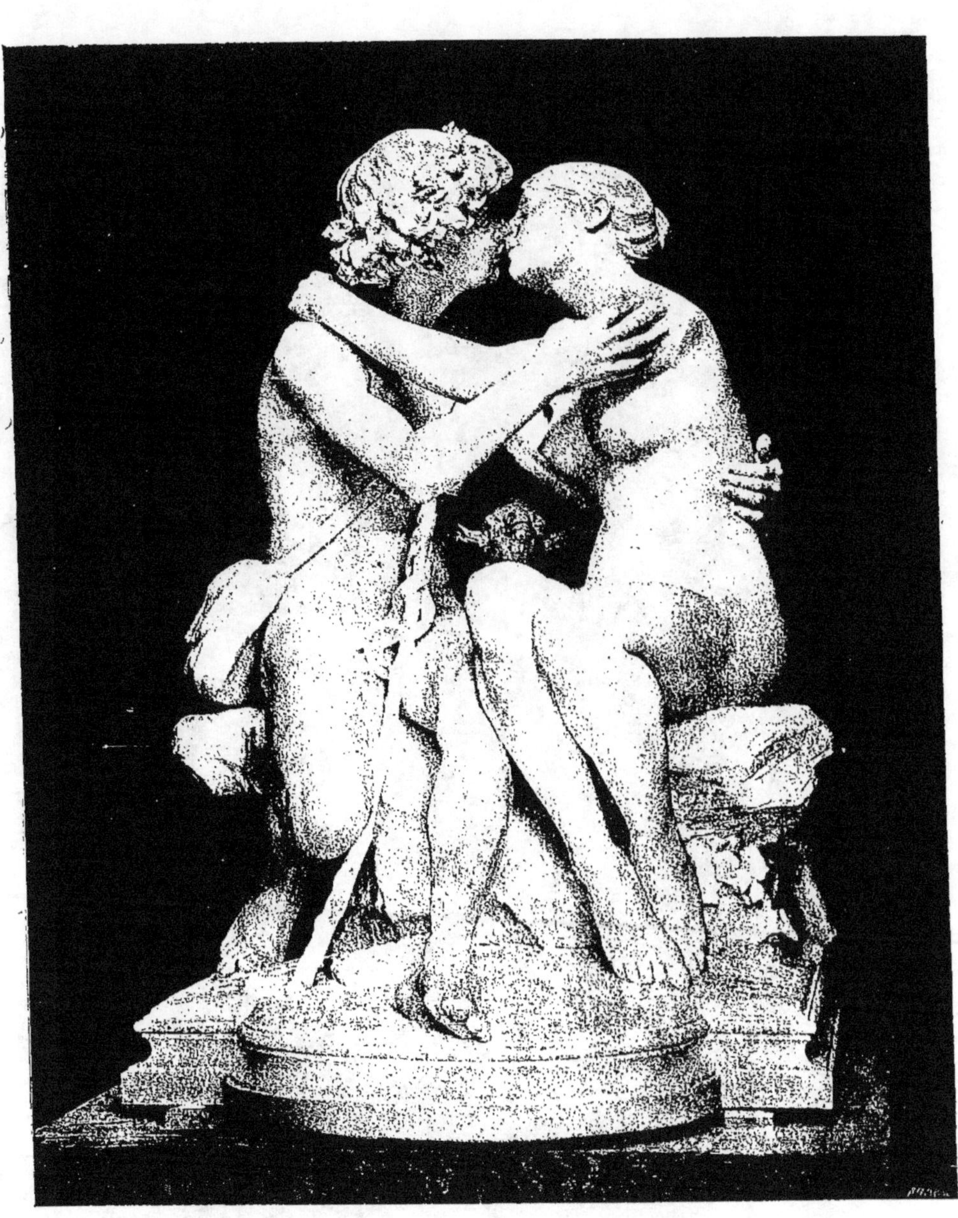

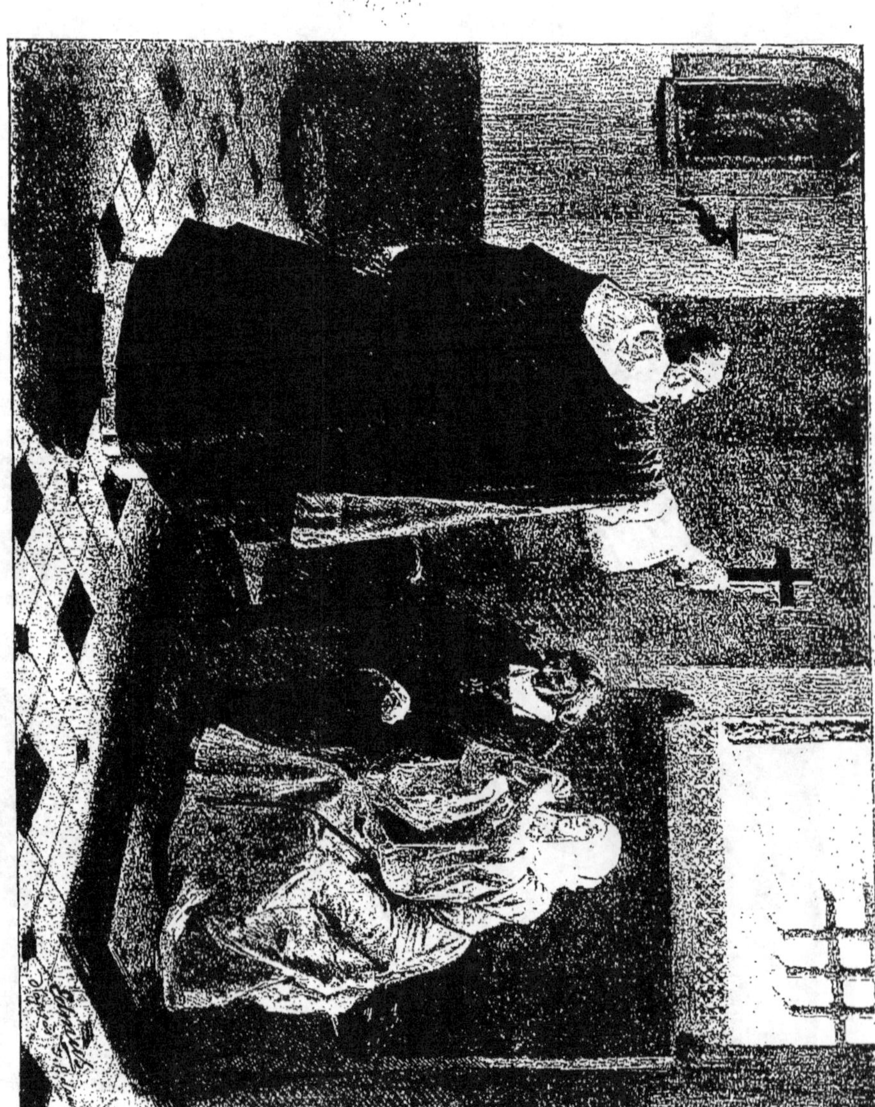

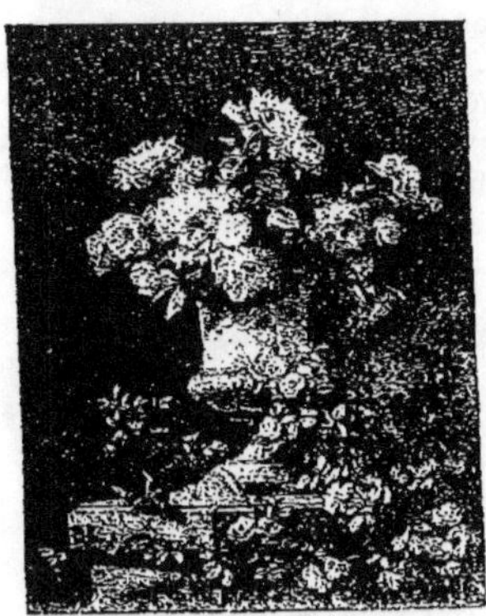

L. LEMAIRE. *Roses et Pivoines.*

M. Rochegrosse a dépensé dans l'exécution de cet important tableau toutes les ressources de son érudition et de sa fantaisie. Sa figure de Nabuchodonosor est excellente de tous points.

Avec le vaste tableau de M. Benjamin Constant, *Justinien* nous entamons la série des tableaux d'histoire.

La scène est au palais de l'empereur. Justinien est assis sur un trône de marbre, entouré de ses jurisconsultes, de ses évêques et de ses prudents. Impassible et le bras replié sur l'un des appuis du siège royal, il écoute attentivement la requête d'un paysan que l'on vient d'amener devant lui.

Il s'en faut, et de beaucoup, que cet immense tableau, qui occupe à lui seul l'une des parois du Salon Carré soit absolument irréprochable. On pourrait, ainsi, sans trop chicaner, reprocher à M. Benjamin Constant de lui avoir donné des dimensions que le sujet, à coup sûr, ne comportait pas.

Telle qu'elle est pourtant, en dépit de ses proportions exagérées, et bien que sa coloration générale manque un peu de franchise et d'éclat, cette vaste toile atteste un puissant effort et dénote chez M. Benjamin Constant une imagination brillante et beaucoup de savoir et d'habileté. Les draperies et les marbres y sont particulièrement traités avec un art vraiment prodigieux. La figure de Justinien, celle aussi de l'évêque assis près de lui, sont d'un beau caractère et d'un bon dessin.

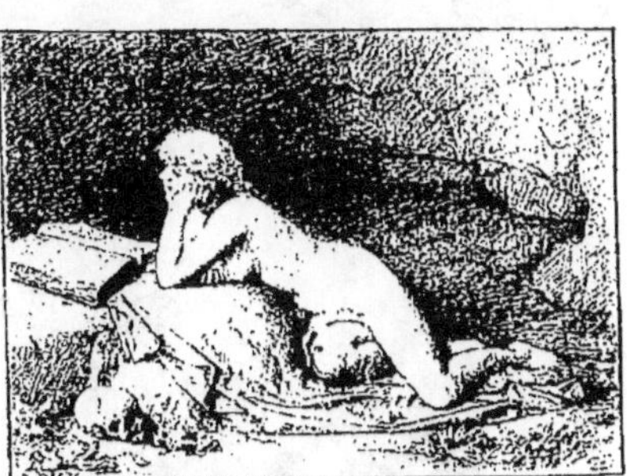

BENNER. *Madeleine.*

M. Maignan s'est avisé de nous refaire, après tant d'autres, le récit de la mort de Roméo et de Juliette. Il ne lui en a pas trop mal pris. La scène est émouvante et tragiquement contée.

Avec un geste de folle terreur, le regard élargi démesurément par l'angoisse et par l'effroi, Juliette étreint de ses deux mains crispées la tête et le corps de Roméo qui glisse mourant de ses bras.

Un beau tableau de M. Jean-Paul Laurens, *Torquemada.* La scène en est empruntée à Victor Hugo. Debout au milieu du tableau, dans sa robe de moine, Torquemada élève au-dessus de son front le crucifix et semble menacer la reine et le roi de la colère du Ciel. La reine effrayée se lève à demi du siège où elle est assise et tend vers le terrible inquisiteur des mains suppliantes.

M. Laurens est assuré d'emporter un vif succès avec cette toile d'une impression puissante et d'une magistrale exécution.

J'omets à dessein de signaler bon nombre de tableaux, dont quelques-uns sont assez bien signés pourtant, et qui, tenant à la fois du genre et de l'his-

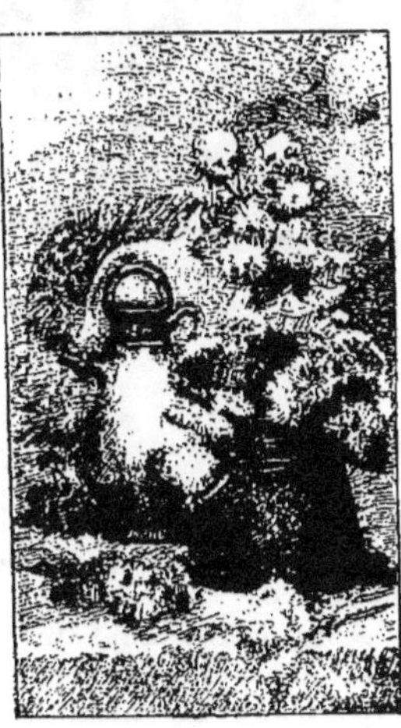

OTHEMAR. *Chrysanthèmes.*

toire, sont médiocres également comme tableaux d'histoire et comme tableaux de genre. Il en est cependant un, parmi ceux-là, dont on me pardonnerait difficilement de ne pas dire au moins un mot. C'est l'*Énigme* de M. Gérôme. Il y a des artistes au Salon devant les tableaux desquels il est de bon ton de s'arrêter un instant de rigueur, le temps de paraître les avoir vus. M. Gérôme est de ces artistes-là.

L'*Énigme* de M. Gérôme est un grand diable de sphinx assez endommagé par les outrages du temps et qui a perdu pas mal de ses avantages physiques à la bataille des

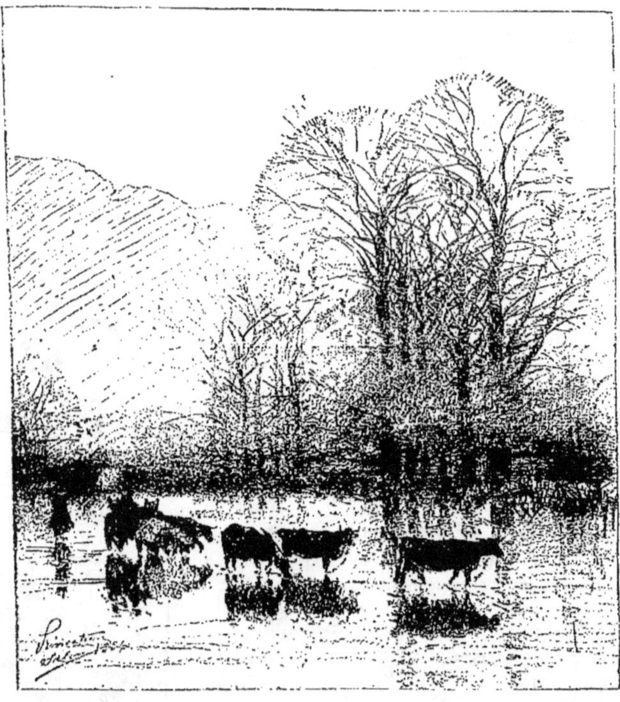

PRINCETEAU. *Retour à la ferme en temps d'inondation.*

siècles. Or, devant ce sphinx, un cavalier a fait halte, et ce cavalier n'est autre que Bonaparte. Planté devant le colosse de pierre, il semble vouloir l'interroger sur ses destinées.

Ce tableau, correctement dessiné, n'est pas un des plus mauvais que M. Gérôme ait peints.

M. Moreau, de Tours, expose une *Mort de Pichegru*, mise en scène avec intelligence et par qui l'attention des visiteurs au Salon sera certainement éveillée. Le corps de Pichegru, qu'on voit gisant sur un matelas, est un morceau qu'on peut louer presque sans réserves.

II

Le *nu* est, ainsi que je l'ai dit, représenté au Salon par quelques bons envois. L'un des meilleurs, à coup sûr, est la *Femme au masque* de

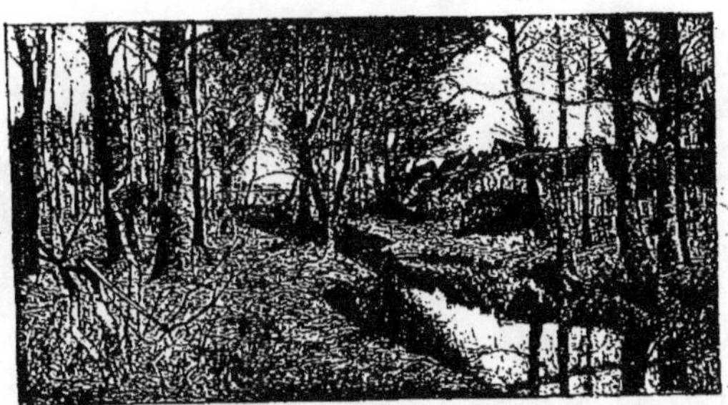

WHITMAN. *Paysage, l'Hiver.*

M. Henri Gervex. Elle est nue devant une psyché qui la reflète tout entière. D'une main elle s'appuie au dos d'un siège et retient de l'autre son dernier vêtement dont l'étoffe légère a glissé de son corps et floconne à ses pieds; un loup de velours noir cache en partie son visage. Le front incliné vers la terre elle paraît se contempler avec orgueil et sourire à sa beauté.

C'est une charmante figure, d'un dessin délicat, d'une couleur exquise et d'une piquante séduction, que cette *Femme au masque*. Le morceau de la gorge et des épaules est particulièrement souple et d'un fin modelé; il a la chaleur et le frisson de la chair.

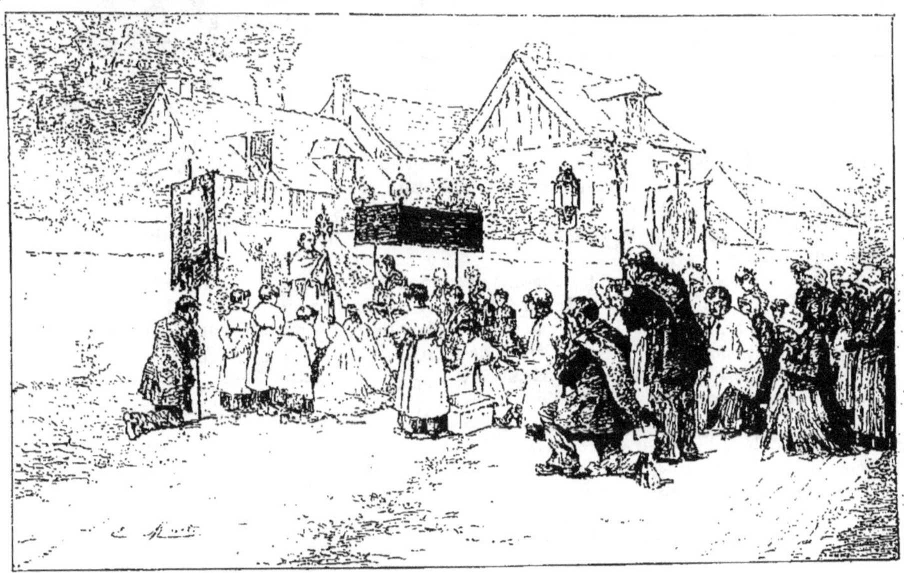

MINET. *Un Reposoir au Village.*

M. Roll expose une belle *étude*. Une jeune femme est assise en un coin de jardin qu'un épais rideau de verdure protège contre les regards indiscrets. Le modèle a posé le torse entièrement dévêtu. Un rayon de soleil perçant l'entre-croisement des branches enveloppe d'une chaude clarté ses épaules et son dos, et fait resplendir sa plantureuse nudité. Déjà, dans l'*étude* qu'il exposait l'an passé et jadis, dans les *Bacchantes*, M. Roll s'était révélé comme un coloriste puissant de la chair. Son étude de cette année le place définitivement parmi les meilleurs peintres de nu de ce temps-ci.

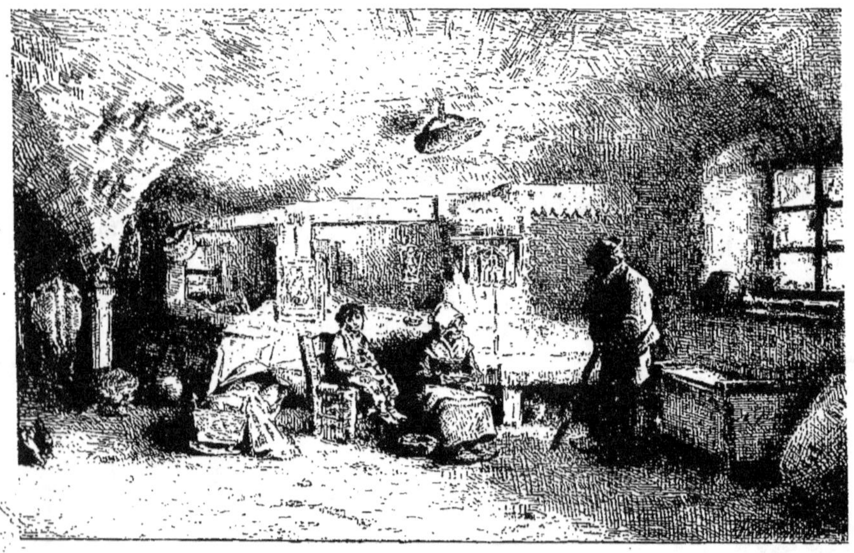

Berthon. *Étable en Auvergne.*

M. Carolus Duran expose également à ce Salon, une figure nue qu'il intitule *Éveil*. Une jeune femme est étendue nonchalamment sur un large divan, dans le costume d'Hassan, ou dans celui que portait notre mère à tous avant qu'elle eût péché. Elle appuie sa tête languissamment sur l'un de ses bras soulevés, et de son regard, à demi perdu sous le voile épais de ses cheveux, elle semble poursuivre une amoureuse rêverie.

Le torse et les seins ont une fraîcheur et une fermeté de contours incomparables ; de tout ce corps de belle fille, s'exhale un frais et délicat parfum de jeunesse. Il y avait longtemps que M. Carolus Duran ne nous avait montré un morceau de nu de cette valeur-là. Très remarquable aussi l'étude de M. Collin.

Les *Hiérodules*, de M. Rosset-Granger, ont dû charmer assurément plus d'un navigateur au temps où la déesse Éryx menait au travers des rochers le chœur de ces rivales des Sirènes. Il en est une, surtout, celle dont l'appétissante et fraîche nudité s'étale à la pointe d'un rocher, qui causerait la perte de plus d'un matelot. Le *modèle* de M. Danger est une étude de nu menée soigneusement d'après la nature et dont le dessin a été serré de près. Il y a de sérieuses qualités aussi dans la *Liseuse* de M. Bisson.

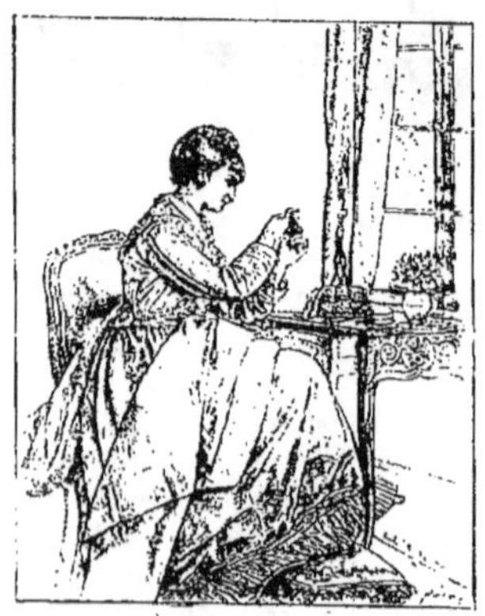

Saintin. *Ménagère.*

## IV

J'ai dit qu'il y avait au Salon de bons portraits et en assez grand nombre. Il faut compter avant tout, parmi ceux-là, celui que M. Bonnat a exécuté de M. Pasteur et de sa petite-fille. Il est d'une facture puissante, et peint avec cette vigueur et cette crânerie qui caractérisent le talent du peintre. Avec ce portrait de M. Pasteur, M. Bonnat expose encore un portrait de M. Delaborde, que nous avons vu figurer dernièrement dans une Exposition particulière.

M. Cabanel nous montre à ce Salon un excellent portrait aussi. C'est celui d'une *Religieuse :* autant qu'il peut m'en souvenir, celle qui fonda l'œuvre des Petites Sœurs des Pauvres. La facture en est large et simple, et le dessin élégant et savant.

M. Besnard est de ces artistes originaux et délicats dont il convient de suivre les travaux avec attention. On est toujours assuré de ne point perdre son temps en la

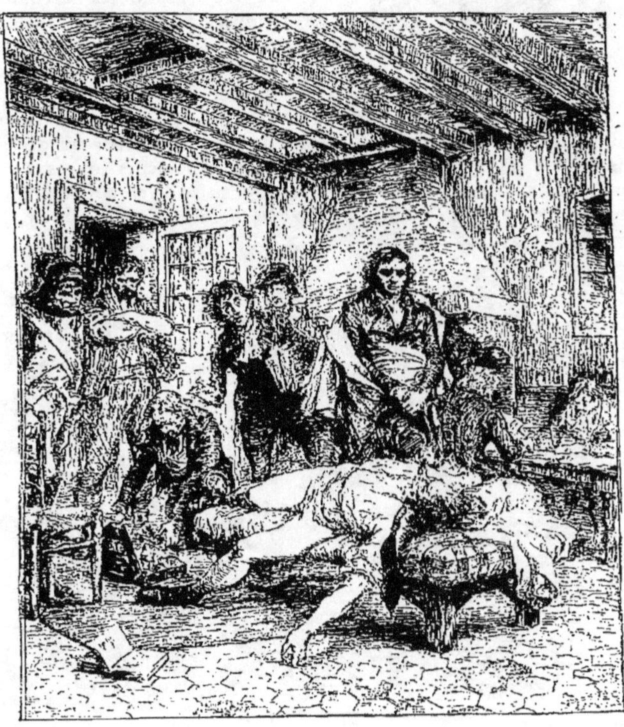

Moreau de Tours. *La Mort de Pichegru.*

compagnie de ses œuvres. Il a le souci des recherches nouvelles. Assurément, son portrait de Madame Roger-Jourdain est un des plus intéressants ouvrages du Salon.

Avec son portrait du paysagiste Damoye, qu'il a représenté debout dans la salle d'attente de la gare de l'Est, appuyé sur sa canne et son attirail de paysagiste à l'épaule, avec l'*étude* aussi dont j'ai parlé, M. Roll est assuré d'emporter l'un des plus francs succès de cette année. Ce portrait est d'une ressemblance parfaite et vivant comme la vie même.

M. Jules Lefèvre a eu, lui aussi, l'inspiration heureuse cette année. Les deux portraits qu'il montre au Salon, vont lui faire tous deux beaucoup d'honneur. Il en est un, cependant, que je préfère à l'autre, et de beaucoup, c'est celui d'une jeune et jolie femme, ayant un air de grande distinction, avec quelque chose de fier et d'un peu hautain dans l'allure. Elle a posé toute droite, étroitement serrée dans un costume de velours noir frappé.

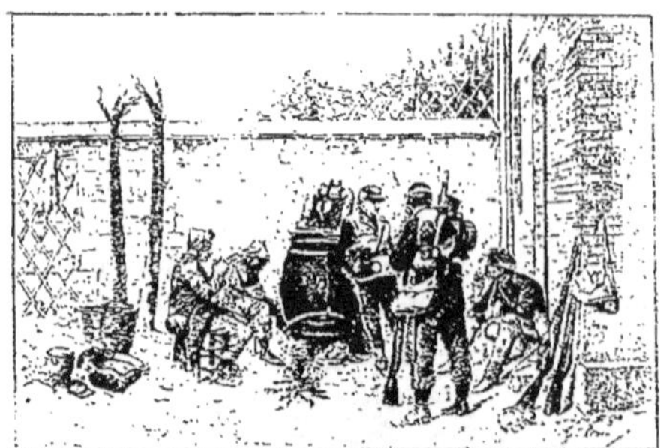

CLARIS. *Aux Avant-Postes.*

J'ai cité déjà pas mal de bons portraits parmi les bons qui figurent au Salon. Il s'en faut pourtant que la liste en soit close. M. Paul Dubois expose deux portraits exécutés très simplement et d'une grâce intime et familière. M. Duez s'est essayé, dans le tableau qu'il nous montre, à l'une de ces symphonies de couleurs dont sont friands certains peintres et dont certains autres, — notez que je ne dis cela ni pour M. Carolus Duran, ni pour M. Commerre, — raffolent au point d'en abuser. Madame Duez — car ce portrait est le sien — est vêtue de rouge, elle est étendue sur un divan d'étoffe rouge également, elle porte une jupe où courent des ornements rouges. On imagine aisément que Duez, fin coloriste comme il l'est, a su se tirer de l'entreprise à son honneur, et de fait, ce portrait est d'une exquise harmonie, et peint à ravir.

John Sargent a envoyé au Salon deux portraits en un seul cadre : Une dame ayant sa fille à ses côtés. La mère est assise au premier plan, dans un large fauteuil aux bras duquel ses deux mains s'appuient. Sa fille, en toilette rouge, est assise à sa gauche, un coude appuyé sur le

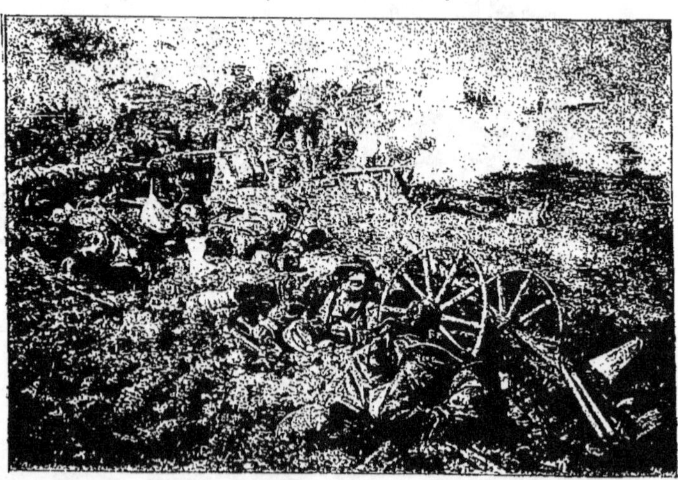

G. JEANNIOT. *Un Champ de bataille.*

dossier du siège. Œuvre d'un rare mérite artistique et d'une distinction rare.

De bons portraits encore : celui de *Marthe*, par M. Jean-Paul Laurens, c'est un délicieux profil de fillette; *Zeïla-Hanoum*, par Mlle Félicie Mégret. Une jeune femme, en costume turc, le genou posé sur un sopha broché or et rouge. La tête est inclinée sur la main. Sous un béret de drap d'or à aigrette et portant le chiffre du sultan, ses cheveux noirs s'épandent librement, inondant le dos et les épaules. De M. Layraud le portrait d'Alexandre Hepp, en costume de travail, le pouce à l'entournure et fixant droit devant lui. Enfin un portrait excellent d'un jeune : Emile Bœtzel.

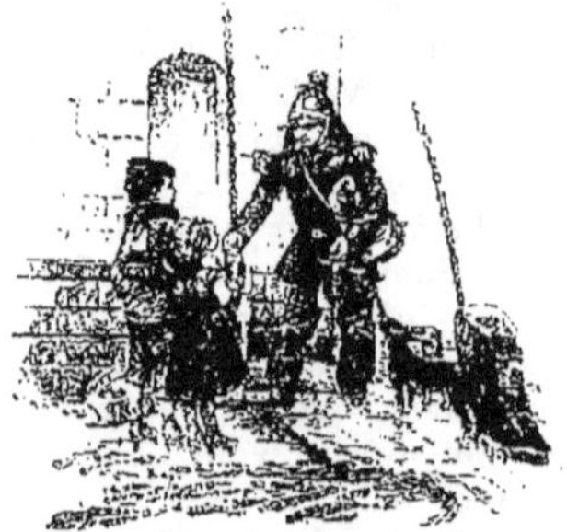

MAMUS ROY. *La Part des Pauvres.*

## V

Le nombre des tableaux compris à ce Salon, sous l'appellation, assez peu précise d'ailleurs, de tableaux de genre, est si considérable; il est si malaisé de s'orienter, un premier jour de visite au Palais, au travers de l'effroyable cohue des toiles, et de se garer en même temps de l'atteinte des formidables engins que des placeurs et des vernisseurs

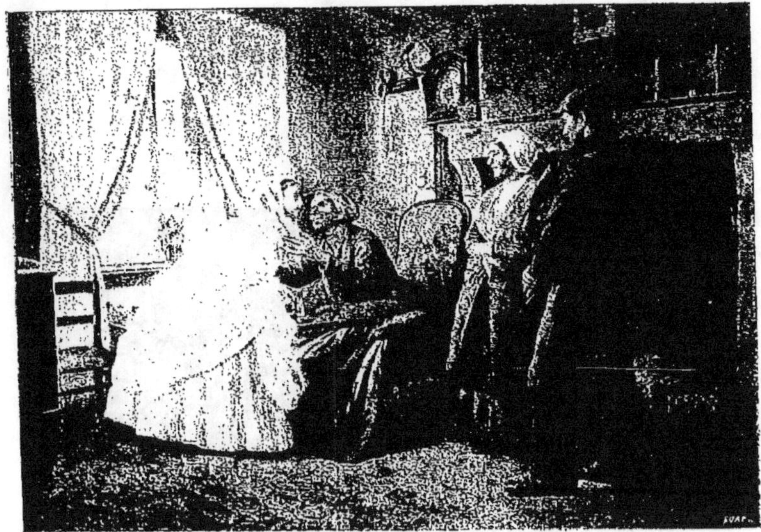

Albert Fourié. *Un Jour de Fête.*

roulent constamment du côté de vos jambes avec un bruit de tonnerre, que le parti le meilleur à prendre est encore de s'en fier au hasard pour vous ménager des rencontres.

Le premier tableau devant lequel je suis amené par ce guide accommodant, est une grande composition de M. Rixens, qui a pour titre : *Don Juan.* Ce Don Juan est-il, ou n'est-il pas, un tableau de genre? Son sujet semblerait indiquer qu'il en est un, mais sa dimension paraît s'y opposer. Il n'importe! A coup sûr, la toile de M. Rixens sera remarquée.

La scène est à l'entrée de l'enfer, où le Commandeur vient d'entraîner Don Juan. L' « homme de pierre » a contraint son hôte à prendre place avec lui dans l'embarcation qui fait la traversée du Styx et s'est lui-même emparé de la barre. Elvire, Don Luis et Leporello les y ont suivis, et pendant que, sous l'effort vigoureux du passeur des morts, la barque abandonne la rive, Elvire, agenouillée aux pieds de Don Juan, avec un geste d'ardente supplication, s'efforce encore à l'attendrir.

Sur les bords du fleuve et tout autour de l'embarcation se pressent des femmes nues, tendant vers Don Juan des bras menaçants ou qui supplient. C'est le chœur des amantes qu'il a délaissées, trahies, et que sa trahison et son abandon ont mises au tombeau. Debout, tête haute, avec un air de froid dédain, Don Juan reste sourd à tout, menace ou prière, et fixe droit devant lui. Cette figure de Don Juan a beaucoup d'allure.

Tout le fond du ta-
bleau est occupé par
d'immenses rochers, au
travers desquels on voit
encore des maîtresses de
Don Juan accourir.

Pour un tableau de
genre en voici certaine-
ment un; il est signé
Jean Béraud.

Le *Dépôt des filles
à la Préfecture*. La salle
du Dépôt avec ses hautes
fenêtres où flotte un bout
de rideau blanc, ses murs
peints en gris, ses bancs
alignés comme des bancs
d'école et sa petite chaire
où se tient la sœur sur-
veillante.

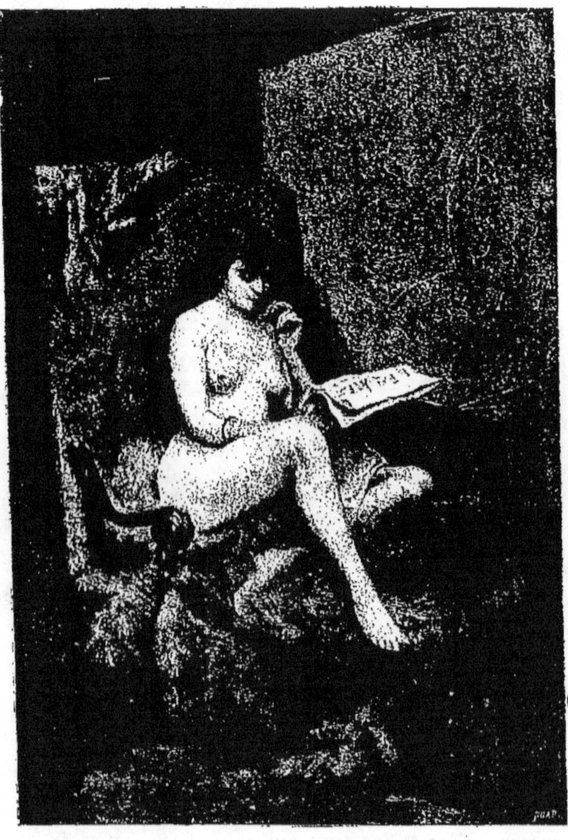

BISSON. *Coin d'Atelier*.

Une quinzaine de rôdeuses, y sont assemblées : le dessus du panier... à salade et la fleur du *tout-barrière*, en costume de travail, avec des retroussis provocants et des ébouriffements coquets. A l'air de tranquille indifférence, qu'elles ont presque toutes, il est aisé de voir qu'il n'en est guère dans le nombre à qui l'endroit ne soit familier. L'une d'elles cependant, qu'on voit debout au premier plan du tableau, s'est écartée de ses compagnes et, le visage incliné, semble méditer tristement.

Une autre, à deux pas de là, bâille et s'étire avec un geste de profond ennui, tandis que sa voisine se courbe nonchalamment afin de rajuster son soulier.

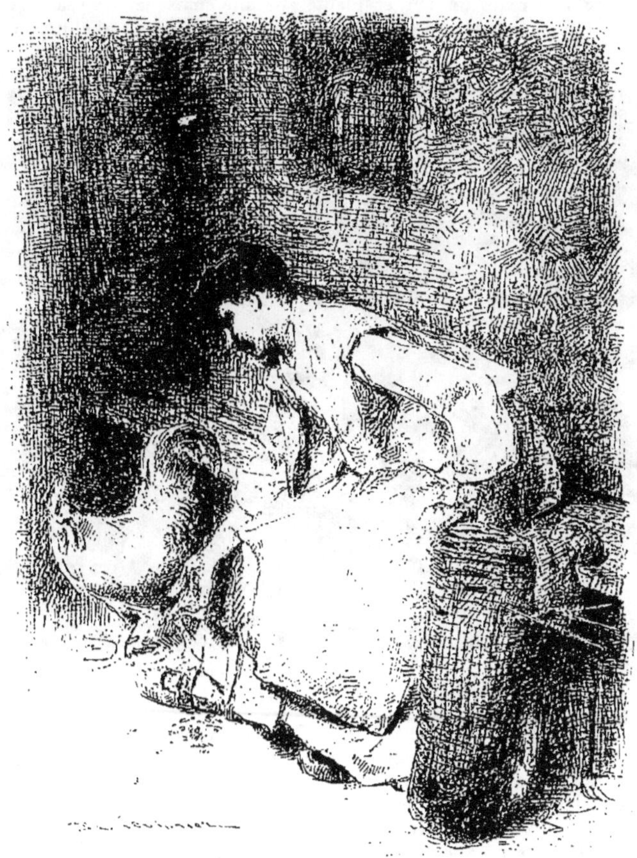

COUTURIER. *Pierrette et Pierrot.*

A la droite du tableau, sur les bancs qui font face à la chaire, où la sœur de service en cornette blanche et en robe brune, monte sa garde en tricotant paisiblement, un groupe de filles s'est installé pour lier connaissance et pour deviser. A côté d'une rôdeuse d'âge, à nez rouge, à cheveux grisonnants et misérablement vêtue, une grosse fille étale avec fierté le luxe tapageur d'une robe verte et d'une capote à plumes jaunes. Au fond de la salle on en voit d'autres assises en rangs d'oignons sur les bancs accotés à la muraille, et cherchant à occuper de leur mieux les loisirs que la police des mœurs leur a faits. Il en est une qui se coiffe et deux qui se disputent, une troisième envoie rêveusement vers le plafond la fumée d'une cigarette. Amusant tableau, dont tous les détails ont été pris sur nature, et qui éveillera certainement la curiosité du public.

Les deux tableaux qu'expose M. Brispot portent la marque, tous les deux, d'un esprit fin et pénétrant. La composition en est amusante et tous deux sont d'un dessin serré et d'une agréable couleur. Le premier a pour titre : *Barbier de village.*

La grande rue du pays par une claire et chaude matinée d'été. Le coiffeur du village s'est installé sans façon devant sa porte et il rase en plein air, au frais et à l'ombre. Au premier plan, un berger planté sur une chaise et les mains en croix tend avec résignation son menton à l'opérateur. Un autre client, à quelques pas de là,

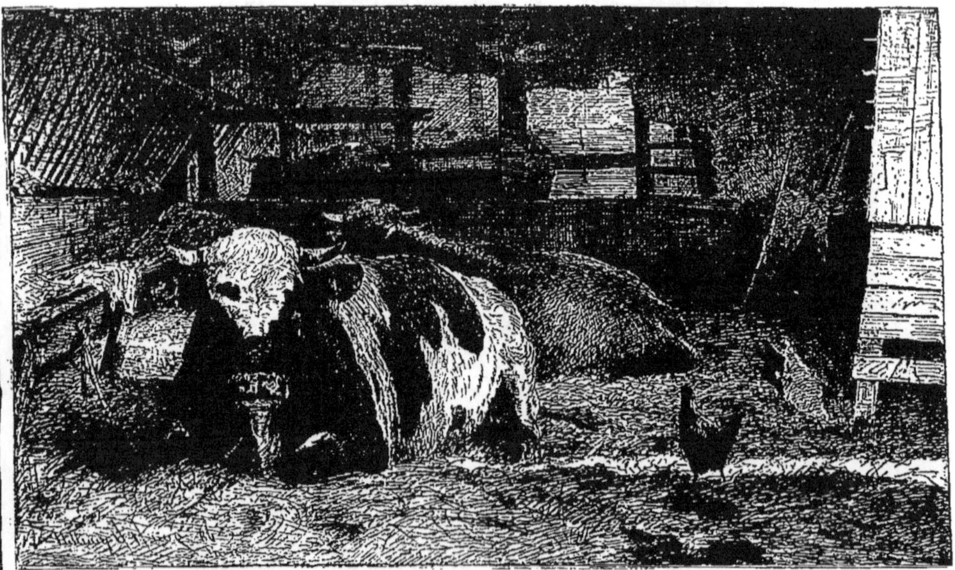

Howe (W.). *Taureaux normands.*

se laisse assez complaisamment barbouiller de savon par Mme la barbière, une gaillarde accorte et rebondie qui paraît s'entendre au métier. D'autres patients, assis derrière, à la queue-leu-leu, attendent leur tour de barbe avec tranquillité. La route ensoleillée s'étend à perte de vue entre deux alignées de chaumes, et à l'horizon le clocher et les toits du village voisin pointent dans le bleu du ciel.

Le second tableau s'appelle le *Dernier Bouton.* A la sacristie, un jour de mariage. Le suisse a revêtu l'uniforme des grandes cérémonies : son habit rouge à larges parements, sa belle culotte en peluche, sa hallebarde et son grand baudrier où se suspend fièrement une inoffensive épée. Boutonnant d'un geste altier son gant de daim, tête haute et le bicorne en bataille, il tend avec condescendance, à un enfant de chœur paré de la robe et du surplis, son mollet au-dessus duquel un dernier bouton reste à attacher. Sans respect pour le saint ustensile, le petit a lâché l'encensoir qu'il tenait à la main et s'occupe avec zèle de sa besogne.

Avec son *Goûter des moissonneuses,* M. Jules Breton continue la série de ses beaux

poèmes de la vie des champs. Rarement M. Breton a été mieux inspiré que dans
cette composition des moissonneuses, empreinte de la mélancolie de la plaine et qui
conte éloquemment les misères insouciantes et la robuste résignation des gens de la
terre.

Le *Carrier blessé*, de M. Brouillet est un tableau tout plein de qualités et qui
peut figurer hardiment à côté des meilleures œuvres du Salon de cette année. La
composition en est émouvante ; elle est traitée largement, avec un sentiment très juste,
des attitudes et une connaissance approfondie de l'armature humaine.

Par la porte ouverte d'une maison de village, au seuil de laquelle la mère du
blessé, la tête dans ses mains, sanglote et se désespère, on s'occupe de faire passer le
corps inerte. Sa femme, penchée sur lui, interroge son visage avec angoisse. Il était
difficile de rendre avec une intensité plus grande, et l'anxiété de la femme et la

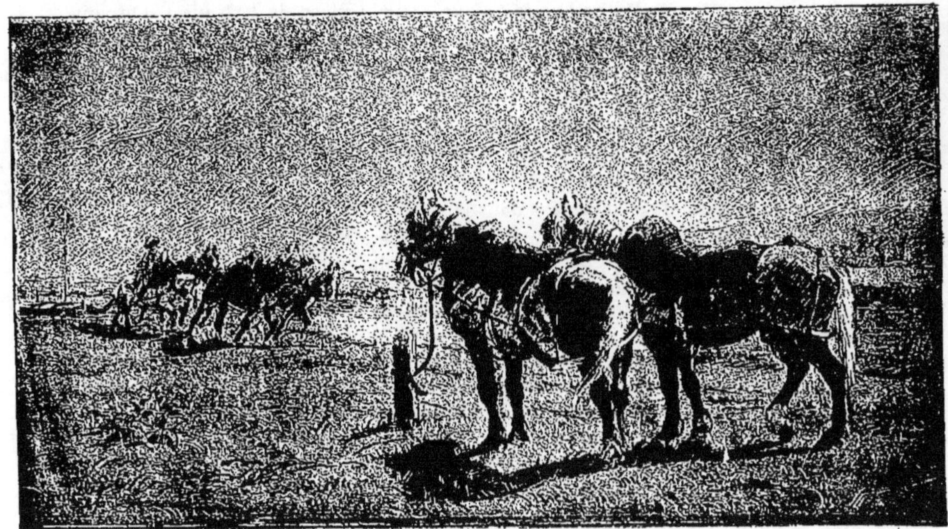

ELIAS (A.). *Chevaux de halage.*

poignante douleur de la mère. Le bras du blessé, qui pend inerte, est irréprocha-
blement exécuté.

Dans *Un Jour de Fête*, de M. Albert Fourié, une fillette en blanc costume vient
embrasser sa grand'mère avant de se rendre à l'église où ses parents, dans leurs habits
du dimanche, vont la conduire. Décor : une maison de paysan dont le fond est occupé
par une large cheminée et par une fenêtre ornée de rideaux blancs.

Excellent tableau, d'un dessin solide et d'une coloration franche et claire.

C'est une aimable toile que le *Déjeuner d'amis* de M. Cormon. Cet artiste, qui
ne s'est entrepris jusqu'ici qu'aux vastes compositions dont la Bible ou le Ramayana
lui fournissaient les sujets, se serait-il, un matin, réveillé genriste, à la façon de
M. Worms ou de M. Leloir ?

Le *Bain*, de M. François Flameng, est une toile affriolante et traitée avec une
surprenante habileté. Des femmes nues s'ébattent en un bassin que borde une élégante
colonnade. D'autres, mi-vêtues, sont assemblées sur le bord, occupées à s'ajuster,
coquetant et babillant.

M. Gustave Boulanger continue à exploiter avec assez de bonheur, cette fois, la peinture de genre archaïque.

Il y a de jolis morceaux dans les *Maquignons*, tel celui de l'esclave enveloppée d'une draperie transparente et aussi celui de la femme qu'on aperçoit de dos.

M. Artz est un artiste de grand mérite et dont le talent ne faiblit pas un instant. Sa *Leçon de couture* est un excellent tableau. L'*Arrivée* de M. Vibert est une amusante toile de genre mise en scène spirituellement et placée dans un curieux décor.

M. Raffaëlli expose un excellent tableau représentant l'atelier du fondeur Gonon. M. Gonon est l'un des *anciens* de la fonderie. Il compte beaucoup d'amis dans les ateliers et dans les journaux. L'artiste l'a mis au premier plan de son tableau, vêtu de son costume de travail et dirigeant la besogne. Autour de lui, les ouvriers sont occupés à mouvoir les pièces de fonte, à les mettre en place et à les ajuster. Un énorme groupe en plâtre emplit le fond du tableau. C'est la maquette à grandeur d'exécution du monument du sculpteur Dalou qui doit figurer sur la place de la Nation. On voit épars dans l'atelier plusieurs morceaux de cette œuvre colossale.

Le clou de la peinture militaire de cette année me paraît devoir être le tableau de M. G. Jeanniot. Il me semble que c'est la première fois que M. Jeanniot apparaît au Salon avec un tableau représentant un épisode de la guerre. Il s'y montre du premier coup peintre émouvant et savant.

Sa *Bataille* est une excellente toile, et je ne crois pas m'aventurer en prédisant à son auteur un brillant et rapide avancement dans la peinture militaire.

Des lignards s'avancent en tirailleurs dans un vaste labour que la mitraille et la mousqueterie balayent sans relâche et qu'un ardent soleil incendie de ses rayons. Un soldat, qu'un projectile vient d'atteindre en plein visage, s'abat sur un genou, près d'une charrue renversée, étreignant son front de ses doigts crispés. Un autre, à ses côtés, vient de rouler la face à terre et foudroyé par la mort.

A quelques pas derrière eux, on voit un officier, armé du chassepot, faire feu sur l'ennemi, un homme épaule son arme près de lui, dans la position du tireur à genou. La fusillade crépite à tous les coins de la plaine, éparpillant dans le ciel bleu des traînées de fumée blanche.

Autre tableau militaire : *Un bataillon carré* (1815), par M. Protais. Le soir du combat. La lune éclaire le champ de bataille, à l'horizon moutonne une alignée de collines. La mitraille a fauché tout le jour dans les rangs du bataillon, sans qu'officiers et soldats aient reculé d'un pouce ; ils sont tous tombés face à l'ennemi, les chefs au centre et les hommes à leur place de combat. La victoire a d'ailleurs coûté cher aux Anglais, et cette poignée de braves, avant de mourir, a semé la mort autour d'elle. Des cadavres de dragons rouges occupent tout le premier plan du tableau, formant autour du bataillon comme une sanglante enceinte.

Il me reste tout juste la place pour signaler ici les beaux paysages de MM. Harpignies, Français, Guillemet, Damoye, Pelouze, Zuber, Binet, Garaud, Jacomin, Sauzay, etc., etc. et les excellentes marines de MM. Courant, Flameng, Mᵐᵉˢ Élodie Lavillette, Grimelund, Iwill, etc., etc.

M. Barillot expose ainsi qu'à son ordinaire un tableau d'animaux : de belles vaches dans un beau paysage ; M. Ellias nous montre de bons chevaux de halage et M. William Howe d'intéressantes vaches à l'étable.

Au début de ce rapide Salon, j'ai dit que notre école de statuaire était digne en tous points, cette année comme les précédentes, de la grande renommée qu'elle s'est acquise.

La place et le temps me manquent à la fois pour faire ici la revue des envois de la sculpture. Je me contenterai de citer, en hâte et au hasard, ceux qu'il m'a été donné de voir dans ma visite d'hier au Palais. Les *Bacchantes* de M. Falguière, *le Connétable de Montmorency* de M. Paul Dubois, de M. Dalou, l'esquisse du monument de Victor Hugo, un *Petit Bacchus* de M. Suchetet, *Un Naufrage* de M. Rollard, le *Pain* de M. Lefeuvre, un Monument par M. Godebski, *Égalitaire* de M. Captier, *Daphnis et Chloé*, le groupe exquis de M. Guilbert, que nous reproduisons ici, le superbe monument du roi Louis-Philippe et de la reine Marie-Amélie, que M. Mercié vient d'exécuter pour Dreux, de M. Crauck, un portrait d'About, *Une Danseuse* de M. Delaplanche et son portrait de M^{lle} Wéber, etc., etc.; toutes œuvres fournissant un témoignage éclatant de la suprématie de notre école française.

29 avril 1886.

Gustave GŒTSCHY.

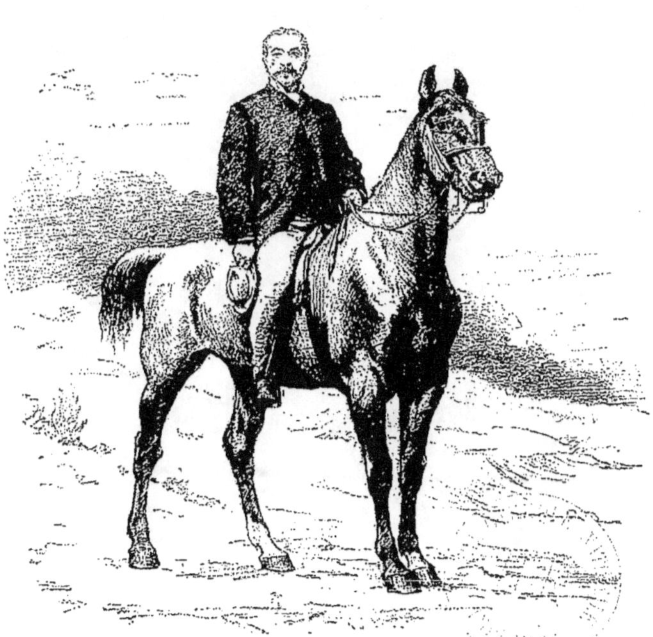

DEBAT-PONSAN. *Portrait de M. X...*

www.ingramcontent.com/pod-product-compliance
Lightning Source LLC
Chambersburg PA
CBHW071430030726
47594CB00006B/2666